AF562592

LETTRES

SUR

LES COLONIES FRANÇAISES

PAR J. MALLIAN.

DE

L'ÉMANCIPATION

PAR L'ÉDUCATION SECONDAIRE

PAR

J. MALLIAN.

Qu'est-ce que la liberté?

« *Evidemment, la liberté c'est le pouvoir*
» *d'user, dans une certaine mesure légale,*
» *des facultés qu'on a. Donner à un homme*
» *la liberté d'économiser, s'il ne comprend*
» *pas l'économie; de se marier, s'il ne*
» *comprend pas le mariage; de faire éle-*
» *ver ses enfans, s'il ne comprend pas la*
» *famille: c'est lui faire un présent qui n'a*
» *aucune signification pour lui et dont il*
» *ne peut se servir.* »

GRANIER DE CASSAGNAC.

PARIS

IMPRIMERIE LANGE LÉVY ET COMPAGNIE
Rue du Croissant, 16, hôtel Colbert.

1838

A

M. GRANIER DE CASSAGNAC,

AUTEUR

DE L'AFFRANCHISSEMENT DES ESCLAVES PAR L'ÉDUCATION RELIGIEUSE.

Première lettre.

MONSIEUR,

Vous avez eu la bonté de me demander quelques détails sur le voyage que j'ai fait aux Antilles. Je m'empresse de me rendre à votre désir.

Je ne vous parlerai pas de l'aspect et des mœurs de ce monde nouveau où m'avaient conduit des affaires de famille. Pour peindre des sites et des paysages, il faut être poëte; pour fronder les mœurs, il faut être philosophe, et je ne suis ni l'un ni l'autre. Quoi qu'il en soit, embarquons-nous ensemble et jetons l'ancre, après trente-six jours de mer, dans la rade de la Basse-Terre (Guadeloupe). Placez-vous là, à côté de moi, sur l'arrière du navire, et jetez les yeux au-delà de cette ligne de maisons qui bordent le rivage. Voyez-vous sur le penchant d'une colline cette habitation entourée d'arbres et de verdure? C'est le pensionnat Saint-François. Mais qu'est-ce que le pensionnat Saint-François? Ecoutez; car pour tout homme habitué à penser il y a plus dans cette simple habitation que dans le palais du *gouverneur*, que vous apercevez là-bas, presque au centre de la ville. Au palais du gouverneur il y a des bureaux pour une armée de commis, il y a des anti-chambres pour un peuple de solliciteurs ; il y a une salle de festin où l'on boit et mange en grande compagnie, il y a un balcon où l'on respire le soir la brise qui vient de la mer ou qui descend de la montagne ; il y a des valets, des gardes, un état-major, enfin tout le cortége d'un vice-roi. Au pensionnat Saint-François il y a la civilisation marchant chaque jour à de nouvelles conquêtes, il y a la garantie du présent et l'espoir de l'avenir. Là, plus de cent élèves, réunis sous une main ferme et éclairée, apprennent chaque jour ce qu'attend d'eux la France, dont à peine autrefois on leur enseignait le nom, et je puis l'attester, moi qui vous écris ceci. Créole de naissance, j'avais dix ans lorsqu'on m'embarqua pour la France. J'avais dix ans et je ne savais qu'une chose : commander à quelques pauvres esclaves. Fantasque, volontaire, incapable de me rendre à moi-même les plus légers services, il fallait qu'on m'aidât à mettre mes bas et à attacher les boutons de ma veste. Ma mère était cependant riche et n'épargnait rien pour son enfant unique ; mais que pouvait ma mère contre la situation générale du pays ? Point de professeurs alors, point de maisons d'éducation, à moins qu'on ne nommât ainsi une école de danse et de lecture, tenue par un certain M. Deure.

Aussi, toutes les familles qui en avaient les moyens s'empressaient-elles d'envoyer leurs enfans en Europe, afin de leur procurer les bienfaits de l'éducation. Désastreuse pensée ! Ecoutons à ce sujet ce que dit l'un des hommes que son savoir et son expérience placent à la tête de nos compatriotes d'outre-mer (M. André de la Charrière) :

« On vante la tendresse des créoles pour leurs enfans ; elle » paraît tenir encore plus de l'instinct que de la raison. Ils ne » peuvent les perdre de vue, résister à leur moindre caprice ; » choyés, mangés de caresses, ce sont les petits tyrans du foyer » domestique. Leurs pieds ne touchent pour ainsi dire pas la » terre, leur vie aérienne se passe dans les bras de leurs parens » ou de leurs gardiennes. Il n'est pas de jour où l'on ne s'imagine » les voir malades, tant on craint qu'ils ne le soient. Chose » étrange pourtant et qui prouve combien chez l'homme les ex- » trêmes se touchent ! Lorsque la vie intellectuelle commence » chez l'enfant, que ce n'est plus seulement son corps, mais » aussi son ame qui réclame les soins et la vigilance des parens,

» on s'en sépare, on l'exile....... Quoi, vous allez rompre tous » les liens de famille, vous allez éloigner votre fils pour dix ans, » sans que rien vous en fasse la loi, sans qu'aucun Dieu vous ait » commandé cet affreux sacrifice! Avez-vous réfléchi au sort qui » l'attend? Croyez-vous que dans les colléges de la métropole on » travaille chaque intelligence de manière à lui faire produire » tous les fruits que ses dispositions permettent d'en obtenir? Il » en devrait être ainsi, il n'en est rien. Former un certain nombre » d'élèves pour le concours, comme vous voyez préparer des » coqs pour le combat, tel est l'objet de tous les soins, tel est le » but de l'ambition. Les journaux annoncent que telle institution » a obtenu tant de prix, tant de nominations, et les bons parens » d'envoyer en foule leurs enfans, chacun croyant déjà voir le » sien couronné de lauriers. Mais votre fils a triomphé de tous » les obstacles, il a fait ses études classiques de la manière la » plus brillante; le voilà maître de ses volontés! le voilà dans le » monde, dans Paris, enfin! Il est dans Paris et vous êtes tran- » quille! est-ce que vous ne vous faites aucune idée de cet océan » de flots humains? Est-ce que le bruit de ces tempêtes n'arrive » pas jusqu'à vous? L'anarchie règne dans les intelligences; une » fièvre brûlante fait délirer les esprits; l'un prêche la républi- » que; l'autre bâtit sur les passions la religion qu'il rêve, la so- » ciété qu'il veut fonder. Ici, un célèbre médecin professe publi- » quement le matérialisme à d'avides auditeurs; là, des étudians » se livrent à l'émeute. Chacun a un plan différent pour le nou- » vel édifice, mais chacun a une pioche pour abattre l'ancien. » C'est mon fils, dites-vous, et vous croyez que votre image, tou- » jours présente, sera un talisman qui l'empêchera de s'égarer. » C'est votre fils! mais, il vous a laissés si enfant et depuis si » long-temps qu'il ne vous connaît plus que de nom, vous n'êtes » plus pour lui qu'un souvenir à demi effacé par le temps. »

A la voix de M. Lacharrière se joint celle de Me Lignier, avocat à la cour royale: «Une éducation coloniale est non seulement » utile au pays, mais nécessaire. Washington, déplorant la manie » qu'avaient aussi ses compatriotes de faire élever leurs enfans sur » une terre étrangère, écrivait, à son lit de mort: « C'est toujours » avec une profonde douleur que je vois les enfans des Etats- » Unis aller dans des pays étrangers avant que leur intelligence

» soit développée et qu'ils aient appris à connaître et à appré-
» cier leurs concitoyens. Trop souvent ils reviennent avec des
» habitudes de dissipation, des mœurs dépravées et des opinions
» incompatibles avec notre système de gouvernement. J'ai long-
» temps cherché un moyen de remédier à d'aussi tristes abus, et
» le meilleur, à mon avis, serait de fonder un grand collége
» dans une partie centrale des Etats-Unis, où viendraient se
» réunir les fils des familles les plus distinguées. En consé-
» quence, je donne et lègue.... etc., etc.... » Il n'y aurait qu'à
» changer quelques mots à ce passage, continue Me Lignier, pour
» qu'il soit l'expression vraie de la douleur que nous devons
» éprouver à l'idée de nos jeunes compatriotes expatriés à dix
» ans, quelquefois plus tôt, quand souvent nous les voyons revenir,
» sans éducation aucune, se placer presque toujours en étrangers
» au milieu de leur famille, rougissant de leurs proches et ne faisant
» cas de leurs pères que par respect humain. Ces funestes résul-
» tats de l'éducation que nous donnons à nos enfans sur une terre
» éloignée n'est pas pourtant le plus déplorable. C'est l'action de
» cette éducation sur le pays, c'est la désastreuse influence qu'elle
» exerce sur la société coloniale qu'il faut surtout considérer. »

« Jetez un coup d'œil sur notre population ; à l'exception de
» pauvres, qui n'ont pu s'éloigner de leurs cases, et de ce pe-
» tit nombre d'hommes qui n'ont pas voulu rompre leurs rela-
» tions de famille par une séparation primitive, que voyez-vous?
» Une population pour ainsi dire cosmopolite. L'Européen qui
» nous arrive s'empresse d'acquérir de la fortune, pour aller bien
» vite en jouir dans sa patrie, et il obéit à un sentiment bien na-
» turel, honorable même. Le colon, lui, revient-il au pays avec
» le désir de s'y fixer? sent-il le besoin d'être utile à ses conci-
» toyens et de concourir à répandre sur le sol natal, par ses lu-
» mières, une plus grande somme de bonheur? Non!.. Il arrive
» pour recueillir la succession de ses parens, morts pendant sa
» longue absence, ou bien, comme l'Européen, il vient pour faire
» fortune ; il dit lui-même qu'il veut aller se reposer en France
» et y mourir. Singulière manie! Comme si la terre qui nous a
» a reçus à notre naissance ne pourrait pas nous fournir un tom-
» beau. L'amour de la patrie, de la patrie coloniale est donc
» éteint dans ces ames si brûlantes !

» Une éducation locale peut seul remédier à ce mal... »

Le dernier vœu de Washington et le cri d'inquiétude et de regret poussé si long-temps en vain par les principaux habitans de nos colonies françaises ont enfin trouvé un écho. Ce qui n'existait pas existe aujourd'hui.

Une visite au pensionnat Saint-François, par M. Thionville, membre du conseil colonial et ancien président de Ville de la Pointe-à-Pitre.

«J'étais résolu, en me rendant aux travaux du conseil colonial, » de profiter de mon séjour à la Basse-Terre pour m'éclairer sur » une question, que je considère comme étant de la plus haute » importance pour l'avenir de la colonie. Peu de temps après » mon arrivée à la Basse-Terre, je me rendis au pensionnat » Saint-François avec plusieurs de mes collègues. Le jour de » notre visite se trouvait être un dimanche. Nous assistâmes d'a- » bord dans la jolie chapelle de l'institution à une grand'messe » en musique, composée (à ce que nous apprîmes ensuite) par » deux professeurs et chantée par les élèves. Nous avons été » heureux de remarquer dans tous les enfans sans excep- » tion cet air de recueillement et de décence qui témoigne de » l'excellente éducation morale qui leur est donnée. Après le ser- » vice divin nous avons visité l'établissement dans tous ses dé- » tails, et partout nous avons reconnu le même esprit d'ordre et » de régularité.

» Je ne crains pas qu'un pareil établissement puisse être dé- » sormais contrarié dans sa marche ; car sa consolidation n'im- » porte pas seulement aujourd'hui à celui qui l'a fondé et qui » l'administre, elle intéresse avant tout et au plus haut degré » tous les pères de famille de la colonie, et je ne doute pas que » mieux apprécié de jour en jour il ne réunisse deux fois encore » plus d'élèves qu'il n'en renferme maintenant. »

(Extrait du *Courrier de la Guadeloupe*, du 2 septembre 1837.)

Qui a été capable de vaincre tant d'obstacles ? Qui a pu triompher de la faiblesse des parens créoles pour leurs enfans ? Qui a frappé du pied et en quelques années a fait sortir de terre un collége aussi beau que nos plus beaux colléges d'Europe ? Qui a réalisé avec ses propres ressources une entreprise qui, d'après un rapport adressé à M. le ministre de la marine, devait coûter à l'état, pour sa seule fondation, une somme de 500,000 francs ?.. Qui ?.. Ah ! je conçois votre impatience, mais vous, homme d'art, vous ne me pardonneriez pas de jeter sur la scène mon principal acteur sans vous l'avoir annoncé.

Le 18 mars 1828, au port de Marseille, sur le quai en face d'un navire près de lever l'ancre et de faire voile pour les colonies françaises, se trouvaient deux hommes, se tenant par la main et se parlant avec amitié et effusion ; l'un était vêtu de noir, l'autre portait l'uniforme des chirurgiens de la marine. Bientôt un mousse s'approcha. « M. l'abbé, dit-il à l'homme vêtu de noir, le canot attend. » L'abbé embrassa le chirurgien et partit. Que s'étaient-ils dit avant de se séparer ? Ne se quittaient-ils pas avec une même pensée, une même volonté, celle d'atteindre, chacun de son côté, un but noble et élevé ?... Je l'ignore. Toujours est-il que trois ans ne s'étaient pas écoulés que le chirurgien s'embarquait comme s'était embarqué l'abbé. L'un était parti pour les Antilles, l'autre partait pour la Thébaïde ; celui-là avait porté dans les îles qui appartiennent à la France son zèle et sa bienfaisance ; celui-ci associait son nom à l'une des conquêtes de la science, à l'expédition du *Luxor*. Le dernier s'appelait J. P. Angelin, chirurgien-major, décoré à Cherbourg, le 2 septembre, sur la frégate *l'Atalante*, de la main du roi, qui lui dit ces flatteuses paroles : « Monsieur, je suis heureux de trouver une occasion pour vous témoigner toute ma satisfaction de la conduite honorable que vous avez tenue pendant la belle campagne du *Luxor*. » (C'était en effet à J. P. Angelin qu'on avait dû le salut de l'équipage atteint du choléra et de la dyssenterie pendant le cours de cette pénible expédition.) Le premier se nommait Joseph Angelin. Ce fut l'auteur du miracle de force, de courage et de persévérance dont il me reste à vous parler. Simple ecclésiastique, dépourvu de toutes les recommandations que l'incapacité demande ordinairement à l'intrigue, l'abbé Angelin avait été à son arrivée aux Antilles nommé desservant du quartier du port Louis. Son mérite ne tarda pas à se faire jour, et désigné par l'opinion publique, il passa bientôt de cette modeste cure à celle plus importante de la paroisse Saint-François (Basse-Terre, chef-lieu du gouvernement). Ses occupations étaient nombreuses, ses devoirs multipliés; mais plus grande encore était son activité. Doué d'un esprit infatigable, d'un jugement sûr, d'une imagination ardente, Joseph Angelin avait compris en mettant le pied sur le sol de l'Amérique qu'il y avait là une mission neuve à remplir. Il avait compris que s'il devait comme prêtre l'évangile et la charité à son troupeau, comme homme il devait à ses concitoyens le tribut de ses lumières, le fruit de ses longues et pénibles études. Ango avait armé sous François Ier une flotte à ses frais, l'abbé Angelin organisa à ses risques et périls une croisade en faveur de la civilisation. Les préjugés surgissaient de toutes parts; il y avait ténèbres sur ce malheureux pays, où l'instruction n'arrivait qu'exportée d'Europe, comme une denrée payant droit et redevance. Il voulut en affranchir sa nouvelle patrie, et ce que n'osait tenter le gouvernement, ce qui devait coûter à la France une somme de 500,000 fr., il l'entreprit seul, confiant dans l'avenir réservé aux hommes de cœur et de résolution. Mais si le dévoûment a son Panthéon, il a aussi son Calvaire. L'abbé Angelin ne tarda pas à rencontrer les obstacles que l'envie et la malignité sèment sur la route de quiconque est assez hardi pour vouloir sortir de la foule. Les entraves se multiplièrent. Enveloppé, pressé de toutes parts, il n'en continua pas moins à marcher droit et ferme à son but: « Il faut opter entre la cure de la paroisse Saint-François et la direction du pensionnat, dit un jour M. le préfet apostolique à M. l'abbé Angelin (et ces détails nous les empruntons au *Journal du Havre* du 3 mars 1835); ces deux fonctions sont incompatibles; car leur cumul excite des jalousies et des plaintes parmi les autres ecclésiastiques. La cure lui rapportait vingt mille livres par an, la fondation du pensionnat lui avait coûté sa fortune; il abandonna la cure et garda le pensionnat. Ce n'est pas tout. Trop fier pour se plaindre, et croyant que la meilleure manière de répondre à la brutalité d'un tel procédé était de redoubler de zèle et de persévérance, il publia, quelques jours après sa dépossession, en réponse aux exigences de M. le préfet apostolique, un prospectus commençant par ces mots: « Depuis

» long-temps le besoin d'une école primaire dirigée dans les mê-
» mes principes que le pensionnat se fait sentir dans cette ville,
» et plusieurs fois on a manifesté le désir de voir s'en établir une
» dans le pensionnat même. Les soins multipliés que cet éta-
» blissement demandait au directeur l'ont jusqu'à présent empê-
» ché de se rendre à ce vœu. Cédant enfin à des instances réité-
» rées, M. l'abbé Angelin s'est décidé à ouvrir vis-à-vis du pen-
» sionnat cette école primaire, où l'on enseignera aux jeunes
» enfans la lecture, l'écriture, l'arithmétique, les principes de la
» langue française et le catéchisme... *M. l'abbé Angelin accor-*
» *dera six bourses à six élèves peu fortunés de la ville.* »

Un pareil trait n'a pas besoin de commentaires. Avouez, Monsieur, que pour nous, qui sommes de ce siècle, où l'on croit à si peu de choses, un pareil désintéressement est presque fabuleux. Aussi craignant que peut-être vous ne m'accusiez d'user du privilége des voyageurs pour vous débiter à propos des Antilles quelque histoire arabe, quelque conte des *Mille et une Nuits*, je me hâte de vous mettre sous les yeux la preuve de ce que j'avance.

Basse-Terre *(Guadeloupe)*, 20 *décembre* 1834, *extrait du Journal officiel.*

« Hier jeudi a eu lieu pour la première fois au pensionnat Saint-François la distribution solennelle des prix. Une nombreuse et brillante assemblée assistait à cette cérémonie, à laquelle étaient présens M. l'ordonnateur, M. le procureur-général, MM. les membres du conseil privé et du conseil colonial, ainsi que les autorités municipales.

« On ne saurait trop s'étonner (*c'est toujours le journal officiel qui parle*) qu'au bout de trois ans seulement de travail on ait pu obtenir des résultats aussi satisfaisans. Après l'examen et les exercices, présidés par MM. Poirier de Saint-Aurel, de Sambucq, conseiller-auditeur à la cour royale, et Charles Ledentu, avocat, M. André de Lacharrière (*maintenant président de la cour royale, ancien délégué, conseiller colonial*), *l'un des hommes les plus distingués et les plus éclairés du pays*, a pris la parole : « Elles sont
» belles dans la métropole ces solennités ; la pompe les envi-
» ronne, le génie les préside, les sommités de la société, les

» hommes célèbres dans les lettres et dans les arts viennent leur » prêter l'éclat de leur nom ; la cérémonie qui nous réunit au- » jourd'hui tient plus de la famille, le théâtre est plus étroit, les » acteurs plus modestes, mais les émotions sont les mêmes et un » intérêt particulier s'y rattache, celui de la nouveauté. Oui, cette » réunion est une nouveauté, et cette nouveauté un bienfait..... De » quelle reconnaissance ne devons-nous pas être pénétrés pour » le vertueux ecclésiastique auquel nous devons une institution si » précieuse..... Nous ne pouvons parler sans blesser sa modestie, » nous ne pouvons nous taire sans faire violence à nos sentimens » et sans trahir votre attente. Quelle persévérance, quel zèle in- » fatigable, quelle réunion de qualités du cœur et de l'esprit ne » lui a-t-il pas fallu pour triompher de tant de difficultés, pour » venir à bout d'une entreprise que l'on avait cru jusqu'ici *im-* » *praticable*...

» Accordons-lui aujourd'hui la récompense qu'il mérite, atta- » chons sur son front la couronne destinée aux *hommes utiles* : » disons-lui que comme pasteur il a bien mérité de sa paroisse par » son zèle et sa charité, que comme instituteur il a bien mérité » de la colonie par l'institution dont il l'a dotée... »

Soutenu par ces encouragemens, certain désormais de mener à fin l'œuvre commencée, l'abbé Angelin continua la tâche qu'il s'était imposée. Chaque année, nouveaux résultats plus immédiats, plus inattendus. Rien ne coûtait à l'infatigable instituteur. Il écrivit à Paris, demandant le concours d'un aide capable de le comprendre et de le seconder. Des offres brillantes furent faites en son nom à l'ancien directeur de l'Athénée central, et M. Glashin ne tarda pas à se trouver près de lui. Telle fut bientot la réputation du collége Saint-François que des enfans y furent envoyés des îles anglaises qui avoisinent la Guadeloupe. Le brick de guerre hollandais *l'Écho*, commandé par le capitaine Bouricius, ancien élève de la marine impériale de Brest, et qui tenait toujours à la France par ses sympathies, aborda au port de la Basse-terre, soit par curiosité personnelle, soit pour satisfaire à des instructions, venant de plus haut, le capitaine témoigna le désir de visiter l'établissement, il y passa trois jours, inspectant tout avec l'esprit de détail et de précision qui caractérise les marins, et au bout de trois jours il fut tellement émerveillé de ce qu'il avait vu, qu'il offrit gracieusement à M. Angelin de lui faire faire une tournée dans toutes les îles environnantes. M. Angelin saisit avec empressement cette occasion d'étendre ses relations; mais ne pouvant abandonner les soins de sa maison il se fit remplacer dans ce voyage par le nouveau professeur dont nous avons parlé plus haut. Il existe un rapport de M. Glashin, plein des faits et des renseignemens les plus curieux. Ce rapport est en ce moment déposé entre les mains de M. Charles de Remusat. Etranger à toute coterie, au dessus de tout préjugé, ennemi de la routine, M. l'abbé Angelin ne craignit pas d'appeler la lumière sur son œuvre. A sa sollicitation, une commission, nommée par les pères de famille, fut chargée d'examiner l'établissement de plus près et d'en sonder les côtés faibles ou vicieux.

Elle était composé de M. Beauvallon, chef principal des milices, chevalier de la Légion-d'Honneur; A. Lignières, avocat, vice-président; Nesti, notaire; Comon, négociant; R. Coquille, négociant.

Voici comment s'exprimait la commission dans son compte-rendu : «Nous avons suivi avec le plus vif intérêt les améliora-» tions que le directeur de l'établissement y a successivement » introduites... Après les sept années d'épreuves que le pension-» nat Saint-François a traversées avec tant de gloire, il ne peut » plus s'agir aujourd'hui d'une spéculation individuelle plus ou » moins heureuse, mais d'une œuvre coloniale à laquelle doivent » concourir tous ceux qui s'intéressent au bonheur de leur » pays. » *(Extrait du compte rendu du comité de direction.)*

Cette dernière phrase n'était pas une vaine formule d'éloges, un frivole assemblage de mots. La commission ne s'exprimait de la sorte qu'après avoir pris connaissance des sacrifices énormes faits par *l'abbé Angelin*, sacrifices qui avaient épuisé ses ressources mais non son zèle et son activité. Ecrasé sous le poids des obligations qu'il avait prises, en vain il s'en fiait à son courage et à son désintéressement habituels. Ses amis lui montrèrent que l'instant était venu d'appeler le gouvernement à son aide. Ils s'adressèrent en son nom au conseil colonial.

Séance du 19 *juin* 1835.

PRÉSIDENCE DU GÉNÉRAL AMBERT.

M. Cadoue, rapporteur de la commission centrale chargée de l'examen de la proposition concernant un prêt sur la caisse de réserve en faveur du pensionnat Saint-François, donne lecture de son rapport et conclut à l'adoption de la proposition dans les termes suivans :

« Il sera fait, à prendre sur la caisse de réserve, sans intérêts » avec *hypothèque*, à M. l'abbé Angelin, directeur propriétaire de » la maison d'éducation dite de Saint-François, un prêt de quarante-cinq mille francs. Il sera payé par tiers de quinze mille » francs, le premier en juillet prochain, les deux autres en mai » 1836 et 1837. Le remboursement se fera également par tiers, en » mai 1838, 1839 et 1840. »

Ainsi l'homme qu'aucune considération de crainte ou d'intérêt personnel n'avait arrêté, l'homme qui étranger au pays lui avait sacrifié son temps, ses veilles et sa fortune, ne lui demandait en retour qu'un prêt de quarante-cinq mille francs, remboursable en trois ans ! il ne disait pas à la colonie : « Payez-moi ou même récompensez-moi, » mais il lui disait : « Donnez-moi les moyens d'achever ma tâche. » Cet appel si franc, si loyal devait être entendu ; il le fut de l'assemblée entière. « Messieurs, » s'écriait l'un des orateurs (M. Amédé Rousseau), je n'ai aucune » relation avec M. l'abbé Angelin ; mes enfans sont en France ; » mais j'ai ma conviction. J'ai vu une adresse collective de plusieurs habitans à M. de Lacharrière, datée de Port-Louis, pour » le remercier d'avoir soutenu de son éloquence cet établissement. » S'il n'est pas encouragé par un acte de justice, je vois des jeunes » gens sans éducation qui seront une plaie pour le pays qu'ils » sont appelés à servir par leur talent, je vois une ville abandonnée, que cet établissement relève, en répandant l'aisance parmi » les classes pauvres.

» Messieurs, pour payer la dette de la reconnaissance, il est un » devoir imposé au pays ; le pays, Messieurs, ne reculera ni devant la reconnaissance ni devant le devoir. M. l'abbé Angelin » vient de lui faire un nouveau sacrifice en se consacrant entièrement à l'éducation, et déjà ses efforts couronnés de succès nous

» font augurer ce que l'avenir nous prépare de brillant dans les » destinées des jeunes compatriotes des Léonard, des Dugom- » mier, des Saint-Auvèle, etc.

» Le désintéressement de ce ministre de Dieu sera un titre au- » près de vous, vous voterez l'emprunt.

» La Guadeloupe bénira ses mandataires ; elle verra croître ses » enfans *dans son sein;* ils ne deviendront plus étrangers pour » ainsi dire à leurs familles ; ils seront fidèles aux traditions » de leurs pères et aux institutions coloniales, consacrées par » l'expérience. »

Messieurs, s'écrie un autre membre de l'assemblée (M. Claveau) : « Si jamais une dépense votée par vous doit recevoir les » applaudissemens de la colonie, c'est certainement celle en fa- » veur d'un établissement si long-temps désiré et qui doit avoir » pour elle de si grands avantages. »

«Oui, Messieurs (reprend un autre membre de l'assemblée s'em- » parant de la pensée de l'honorable orateur qui l'avait précédé), « Jusqu'à présent on ne vous a fait envisager l'établissement du » pensionnat Saint-François que sous le point de vue des avantages » qu'il peut offrir pour l'éducation ; mais, considéré sous le rap- » port commercial, de quelle importance ne peut-il pas deve- » nir?...... Cet établissement peut un jour attirer dans son sein » non seulement les enfans de la Guadeloupe, mais encore la plu- » part de ceux des Antilles. Dès lors, ce serait un tribut que nous » imposerions à nos voisins. Ils viendraient augmenter votre con- » sommation et répandre dans la circulation du numéraire une » portion de l'argent dont nous avons tant de besoin pour répa- » rer nos capitaux, qui chaque jour éprouvent une diminution » plus sensible et qu'aucune mesure financière ne saurait empê- » cher. »

« Messieurs, dit à son tour M. de Lacharrière, je suis frappé » d'étonnement en songeant que la Guadeloupe est demeurée pri- » vée pendant si long temps d'une institution dont les avantages » sont incontestables aujourd'hui ; mais ce qui m'étonne surtout, » ce sont les obstacles que n'a cessé de rencontrer celui qui le » premier en procura le bienfait à la colonie.

» Tout le monde sentait la nécessité de l'entreprise, mais on la » croyait au dessus des forces d'un particulier. Le croirait-on ? il a

» eté obligé de travailler dans l'ombre pour éviter les embarras,
» qu'on lui suscitait; il a été contraint de se cacher pour faire le
» bien!..

» Mais tout-à-coup l'institution apparaît au grand jour; un exa-
» men, une distribution de prix viennent montrer que les efforts
» persévérans de M. l'abbé Angelin ne sont pas demeurés sans
» succès. L'avenir sourit à ses projets. Alors on lui dit : Vous ne
» pouvez être à la fois à la tête d'une cure et d'un pensionnat,
» choisissez entre les deux.

» Ah! si l'intérêt seul l'avait guidé, n'en doutez pas, Messieurs,
» il aurait conservé sa cure et abandonné une institution, à la fon-
» dation de laquelle il rencontrait tant d'obstacles; mais il a voulu
» remplir sa mission jusqu'au bout; il a renoncé à sa cure pour se
» livrer tout entier désormais à l'accomplissement des devoirs pé-
» nibles auxquels il s'était dévoué. Si l'on avait laissé à M. An-
» gelin la cure de la Basse-Terre, ses amis ne viendraient pas
» aujourd'hui demander un aide à la colonie. Les bénéfices
» qu'elle lui donnait auraient suffi, comme ils avaient suffi jus-
» qu'alors au soutien de son établissement.

» Que ce ne soit pas du moins dans le conseil colonial qu'il
» trouve de nouvelles entraves !»

Entraînée par ces hautes et lumineuses considérations, l'assemblée entière allait voter l'allocation demandée. Un magistrat se lève, c'est M. le procureur-général. Gardien des saines doctrines, interprète des idées d'amélioration et de progrès qui forment aujourd'hui la base de la politique du gouvernement français envers ses colonies, il va sans doute prendre la parole pour le pensionnat Saint-François? Non. Mais comment remonter le courant? comment mettre une digue à la majorité qui le déborde? Oh! M. le procureur-général n'est pas un de ces hardis nageurs qui se brisent contre le flot! Il cotoiera doucement le rivage, il flottera entre deux eaux; il se cramponnera, pour se tenir, à de grands mots vides de sens. Lui, si lucide, si vrai, si logique lorsqu'il veut s'en donner la peine, il se jettera dans la sentimentalité, parce qu'il a entendu dire que le cœur ne raisonne pas et que le grand art de l'orateur est de savoir capter la bienveillance de son auditoire. Voyez avec quel art il procède ; voyez comme il s'approche doucement de l'ennemi, afin de le frapper de plus près.

C'est le chat qui caresse la souris, le chat tout velours d'abord, tout ongles ensuite. En ce qui touche les droits de l'abbé Angelin à la reconnaissance des familles, il ne prétend mettre en doute ni la ferveur de son zèle, ni le désintéressement de sa vocation. Il exalte le pauvre abbé, il l'élève jusqu'aux nues, mais afin (comme le principal personnage du célèbre roman de Lewis) de le briser plus sûrement, en le laissant tomber de plus haut. Et en effet, voici que M. le procureur-général, d'un seul bond, s'est élancé du sentiment dans la politique. Il se livre à des considérations étendues sur la situation actuelle des élémens de la société coloniale, et termine par ce dilemme : « Ou l'institution deviendra » publique, et alors elle périra sous l'influence des répugnances » sociales, que le *temps n'a pas encore effacées,* ou elle conser- » vera le caractère d'une institution particulière. Mais alors » comment justifier une avance faite dans les intérêts d'une par- » tie de la population, sur des fonds auquels tous contribuent ? »

Ce dilemme était appuyé sur l'intérêt et la peur. L'intérêt fit rentrer la clé de la caisse dans la poche du trésorier.

La peur refoula la bienveillance dans l'ame des plus chauds partisans de M. l'abbé Angelin, et M. le procureur général se retira triomphant du champ de bataille où il venait de tuer la raison publique.

Mais qui donc répondra à M. le procureur-général parlant des répugnances sociales, que *le temps n'a point encore effacées ?*

Un procureur-général qui prêche l'isolement et la distinction des classes, et cela en 1835 ! Un procureur-général qui refuse de doter une maison d'éducation, reconnue utile au public, parce qu'il faudrait en ouvrir les portes aux gens de couleur ! Qui lui répondra ? Deux créoles, deux des plus riches propriétaires, et par conséquent deux des hommes les plus intéressés au repos et à la tranquillité du pays.

M. de Lacharrière voit avec regret que les entreprises les plus utiles viennent toujours se briser devant des considérations politiques qu'il serait *temps enfin d'abjurer.*

« Le moment est venu, dit-il, de ne plus combattre de vaines » chimères et de voir les choses sous leur véritable aspect.

» Il n'en faut pas douter, aujourd'hui les rangs se confondent ; » les assis[illegible]es colléges électoraux contribuent tous les jours à

» ce rapprochement. Une nouvelle organisation des milices viendra y prêter son utile concours; rien ne prouve que l'établissement de M. Angelin sera fermé à la classe dont on veut parler. »

M. Claveau dit qu'il abordera aussi la question politique, dont on a cherché à *effrayer les esprits.*

» L'éloignement des classes, selon lui, vient surtout de l'absence » d'une instruction suffisamment répandue chez celle qui devra » donner l'impulsion lorsque l'instruction morale et religieuse l'aura façonnée... On la verra aller elle-même au devant d'un rapprochement si désirable. Au surplus, personne ne connaît *les intentions de M. l'abbé Angelin.* »

Elles sont connues aujourd'hui ses intentions. La grande pensée du prosélytisme politique et religieux ne pouvait avoir échappé à cet homme d'élite. Sans s'occuper du mauvais vouloir dont il était victime, sans s'inquiéter de la partialité qui lui faisait refuser un *prêt* de quarante-cinq mille francs, pour soutenir une institution qui dotait le pays d'hommes utiles et spéciaux, tandis qu'on avait donné gratuitement, pour l'éducation *des femmes*, au couvent des sœurs Saint-Joseph une somme de cent quarante-huit mille francs, l'abbé Angelin suivit hardiment la route qu'il s'était tracée. A la spoliation de la cure Saint-François il avait répondu par la création de l'externat. Au refus d'aide et d'appui fait par le conseil colonial il répondit par la fondation d'un établissement destiné aux gens de couleur.

Nous avons sous les yeux le prospectus de MM. Agricole et Guillot (mulâtres) et Germain (cabre), « Une seule difficulté, disent-ils, nous arrêtait encore; le grand nombre d'élèves qui nous » sont promis d'avance nous mettait dans la nécessité d'avoir recours à des collaborateurs dont le mérite fût connu et qu'il nous » eût été impossible de nous procurer. M. l'abbé Angelin, auquel » nous nous sommes adressés dans notre embarras et à l'instigation de tous les pères de famille, a bien voulu, avec un admirable » désintéressement, nous promettre son concours personnel et la » coopération *gratuite* de tous ses professeurs. Nous transcrivons » avec reconnaissance la lettre qu'il nous a fait l'honneur de nous » écrire en réponse à la nôtre. Elle n'étonnera personne. »

La colonie entière est accoutumée à retrouver le nom de M. l'abbé

Angelin à la tête de toutes les entreprises utiles au bonheur du pays.

Tiflac, 8 décembre 1836.

A MM. Agricole, Guillot et Germain.

Messieurs,

J'ai lu avec le plus vif intérêt la lettre que vous m'avez fait l'honneur de m'écrire en date du 2 de ce mois. Je me suis empressé de la soumettre au comité de direction des pères de famille. Tous ces messieurs, réunis en conseil, ont été unanimes dans leurs vœux pour la réussite de votre entreprise, et m'ont engagé à vous soutenir de tous mes moyens. Quant à moi, dévoué de cœur et d'ame au bonheur de la colonie, et persuadé que l'éducation est son besoin le plus pressant en même temps que le gage le plus assuré de sa prospérité à venir, je désirais depuis long-temps voir s'élever à côté du mien un établissement qui reprît en sous-œuvre la tâche délicate que j'ai entreprise, et qui fît parvenir dans tous les rangs et dans toutes les classes une instruction salutaire. Je suis heureux de voir que cet établissement est tenté aujourd'hui par des hommes dont la conduite a toujours été si honorable. Puisque vous pensez que mes conseils et mon suffrage peuvent vous être de quelque utilité, disposez-en aussi souvent que vous le jugerez convenable. Aussitôt que vous aurez obtenu l'autorisation du gouvernement, vous pouvez compter sur mon appui dans toutes les occasions, et non seulement sur le mien, mais encore sur l'appui de tous ceux qui m'entourent. Mes professeurs, avec lesquels je me suis entendu à cet effet, consentent, pour faciliter vos débuts, à faire dans votre établissement toutes les classes qu'ils font déjà au pensionnat Saint-François. Je n'ai pas besoin d'ajouter que la coopération de ces messieurs, ainsi que la nôtre, sera entièrement gratuite.

Vous entrez dans une carrière difficile et qui demande beaucoup de dévouement et de persévérance. Soyez assurés, Messieurs, que personne plus que moi ne forme des vœux sincères pour la réussite de votre entreprise; car j'ai l'intime conviction que *plus l'instruction sera répandue, plus le pays sera moral, plus il sera grand, plus il sera tranquille.*

Recevez, etc. ANGELIN.

Ainsi le voilà donc opéré ce rapprochement regardé jusqu'ici comme impossible ! ce sont les créoles eux-mêmes qui viennent au devant de la fusion ; car la maison d'éducation de MM. Agricole, Guillot et Germain a été fondée sous le patronage de tout ce que la Guadeloupe a de plus noble et de plus influent. Ce triomphe philosophique, ce fait de haute et puissante civilisation, à qui le doit-on? à un seul homme, comme je vous l'ai dit en commençant, à Joseph Angelin..

De retour en France où l'a amené le soin de sa santé, perdue dans les colonies, il rencontra dernièrement son cousin J. P. Angelin, le chirurgien de marine, auquel nous lui avons vu serrer la main au port de Marseille, lorsqu'il s'y embarqua en 1828. Celui-ci lui montra le ruban qu'il portait à sa boutonnière et qu'il avait reçu de Sa Majesté lors de sa visite sur *l'Atalante*. L'abbé l'en félicita, et s'éloigna sans penser qu'une telle récompense lui serait peut-être due. Tous les hommes cousciencieux, éclairés et amis du progrès l'attendent pour lui.

Quant à moi, qui n'ai point oublié que j'appartiens à ce pays, si long-temps calomnié, à ce pays, qui, placé en face d'une philanthropie aveugle, est forcé de se défendre chaque jour, je pense que le moment est venu de tailler pour une cause plus grave la plume que j'avais consacrée jusqu'ici à de frivoles essais. Pour défendre les colonies, je n'aurai qu'à les faire connaître. Je dirai ce que j'ai vu, ce que j'ai entendu et ce que je sais. Partout où je pourrai porter la lumière, je la porterai sans crainte, sans hésitation; j'aurai des louanges pour ce qu'il y aura à louer, des encouragemens pour ce qu'il y aura à encourager; mais aussi je poursuivrai impitoyablement *certains* vices, *certains* abus que le temps a semés et qui ont pris racine dans l'ombre. *Impartiatialité et vérité*, telle sera ma devise.

Appuyé sur l'opinion publique, soutenu par la presse parisienne, dans laquelle je compte des amis nombreux et haut placés, *fort surtout* de *votre nom* et de *votre amitié*, je ne reculerai, Monsieur, devant aucune révélation. Ainsi donc à la prochaine lettre.

En vous entretenant de l'éducation secondaire dans les colonies françaises, le nom de M. l'abbé Angelin est venu bien souvent se placer sous ma plume. C'est que dans ce nom se résume toute la question. L'éducation à la Guadeloupe, *c'est M. Angelin*. C'est par lui qu'elle est née, c'est lui qui l'a soutenue, encouragée dans sa marche, et qui seul, peut-être, par sa longue expérience et par les succès qu'il a déjà obtenus, est capable, si le gouvernement veut lui tendre la main, d'en faire ce qu'elle doit être : *la grande souveraine d'un pays neuf, mais plein d'avenir.*

Je vous adresse, avec les pièces justificatives de ce que j'ai avancé, quelques autres renseignemens qui n'ont pu trouver place dans le cours de cette lettre, et qui vous feront mieux connaître l'auteur du progrès, que je vous ai signalé.

Agréez, je vous prie, etc.

Compte Rendu

DU COMITÉ DE DIRECTION SUR LE PENSIONNAT SAINT-FRANÇOIS.

Au mois de décembre dernier, l'examen public subi par les élèves du pensionnat Saint-François a produit la sensation la plus vive. Les pères de famille frappés des résultats admirables dont ils étaient témoins et qui dépassaient toutes leurs espérances, ont voulu témoigner à M. l'abbé Angelin l'intérêt et la sympathie qu'ils éprouvaient pour son utile entreprise. Par un mouvement unanime et spontané, ils ont choisi parmi eux cinq membres qu'ils ont chargés d'inspecter de plus près et dans toutes ses parties un établissement qui ouvrait à leurs enfans un si bel avenir, et, s'il répondait aux brillantes espérances qu'il faisait concevoir, de l'appuyer auprès du pays, et en leur nom, de tout le crédit dont ils pouvaient disposer eux-mêmes. Chargés de cette mission, à la fois honorable et délicate, nous nous empressons de faire connaître aux pères de famille la manière dont nous avons cherché à la remplir.

Nous avons, chacun de nous séparément et à plusieurs reprises, examiné tous les détails de l'établissement; nous avons surveillé la marche de l'administration; nous avons interrogé journellement l'opinion publique; nous avons invité tous les parens à nous communiquer les griefs qu'ils pouvaient avoir ainsi que toutes les observations qu'ils auraient pu recueillir.

Après nous être entourés de tous les renseignemens possibles, nous les avons étudiés avec l'attention religieuse dont notre qualité de pères de famille nous faisait un devoir, et de cet examen scrupuleux et sévère il est résulté pour nous la conviction :

Que l'ordre le plus parfait n'a cessé de régner dans l'administration de l'établissement;

Que la discipline la plus rigoureuse et la plus paternelle a été constamment maintenue;

Que les études ont toujours été excellentes et dirigées d'après les meilleurs principes.

Au reste le dernier examen public, qui a eu lieu il y a trois mois et auquel assistaient la plupart des membres du conseil colonial, les magistrats, les fonctionnaires et avocats les plus distingués de la Basse-Terre, a révélé de la manière la plus frappante et la force des études et l'excellence de la direction. L'établissement compte aujourd'hui une centaine d'élèves : huit professeurs (sans compter le directeur et le sous-directeur) sont chargés de la surveillance des classes.

Un seul reproche un peu fondé est parvenu à notre connaissance, mais il tenait à des détails purement matériels, c'est-à-dire aux localités mêmes. Nous nous sommes concertés à cet égard avec le directeur, et nous l'avons trouvé, comme toujours, disposé à tous les sacrifices pour accomplir la noble tâche qu'il poursuit depuis quatre ans avec tant de persévérance et de désintéressement. Nous avons aussitôt tâché de réaliser la souscription qui avait été ouverte il y a deux ans, pour la translation du pensionnat à Tillac. Certains du concours et de l'appui de la colonie entière, nous avons fait commencer immédiatement les travaux sur une grande échelle. Les constructions sont aujourd'hui achevées, et les élèves prendront possession du nouvel établissement le 25 de ce mois.

A Tillac, toutes ces améliorations matérielles que les parens désiraient, mais que le directeur seul croyait possibles, seront effectuées sans peine.

Un immense emplacement de huit carrés de terre, sur une position élevée et salubre aux portes de la ville, et cependant assez éloigné pour empêcher des communications trop fréquentes avec le dehors.

Une maison bâtie exprès pour le pensionnat dont la distribution a été surveillée par chacun de nous et dont la solidité vérifiée, par l'architecte voyer de la Basse-terre, est capable de résister aux ouragans les plus forts.

Des dortoirs vastes et bien aérés, et qui seront l'objet d'une surveillance spéciale ;

Une grande case à eau où les enfans trouveront une eau de pluie saine et pure (*cette amélioration était réclamée surtout par les parens de la Grande-Terre qui craignaient que l'eau de fontaine ne nuisît à leurs enfans*);

Un bassin dans lequel les enfans se baigneront à jours fixés, sous les yeux de leurs professeurs ;

Tels sont les principaux avantages que la translation du pensionnat Saint-François doit offrir.

Pour détruire enfin les craintes exagérées mais si naturelles des pères de famille, nous nous sommes entendus avec l'un des premiers médecins de la colonie.

Moyennant un léger abonnement annuel pour chaque élève, M. le docteur Meunier, chevalier de plusieurs ordres, fera régulièrement deux visites par semaine au pensionnat et même une visite tous les jours, toutes les fois que la santé d'un élève l'exigera.

Le directeur, de son côté, s'est assuré le concours de professeurs distingués dans chaque branche ; plusieurs sont déjà arrivés de France et d'autres sont prochainement attendus. M. Glashin, avocat à la cour royale de Paris, directeur de l'Athénée central, dont les débuts à la Guadeloupe ont été si brillans et dont tous les pères de famille ont su apprécier le beau talent et le caractère élevé, s'est consacré au pensionnat, moins encore par intérêt que par dévoûment et par son attachement sincère pour le directeur ; car il est à notre connaissance qu'il a refusé plusieurs offres des plus brillantes qui lui ont été faites depuis son arrivée. Son association avec M. l'abbé Angelin est une des plus fortes garanties qui puissent être offertes aux pères de famille.

Nous croyons être les fidèles interprètes de la pensée publique en disant que le directeur du pensionnat Saint-François a complètement satisfait aux grands devoirs qu'il avait à remplir. C'est maintenant à la colonie à payer sa dette. Un véritable collége national est enfin fondé, bien supérieur à tout ce qui avait existé jusqu'à présent dans les Antilles. Déjà plusieurs élèves distingués en sont sortis et ont obtenu, dès leur arrivée en France, leur diplôme de bacheliers ès-lettres. C'est un devoir sacré pour tous les pères de famille de la colonie de soutenir et de protéger un établissement auquel se rattachent les intérêts les plus chers de leur famille et de leur pays.

B. Beauvallon, chef principal des milices, chevalier de la Légion-d'Honneur, *président.*
A. Lignières, avocat, *vice-président.*

Nesty, notaire.—Comont, négociant. — R. Coquille, négociant.

Extrait du *Commercial* du 10 octobre 1838 (journal de la Pointe-à-Pitre, Guadeloupe).

PREMIÈRE COMMUNION ET CONFIRMATION AU PENSIONNAT SAINT-FRANÇOIS.

Hier a eu lieu dans le bel établissement de Tillac la première communion des élèves du pensionnat Saint-François. Aucune invitation particulière n'avait été faite, mais la chapelle n'en était pas moins remplie. Les habitans les plus notables de la Basse-Terre, beaucoup de familles des environs, plusieurs parens mêmes de la Grande-Terre étaient venus avec empressement assister à cette touchante cérémonie. On savait que M. le préfet apostolique devait officier, et cette marque publique d'intérêt donnée par le premier pasteur de la colonie à un établissement auquel se rattachent aujourd'hui tant de vœux et tant d'espérances, devait naturellement ajouter un nouvel éclat à la fête. M. le préfet apostolique était assisté de messieurs les curés de Saint-François et du Mont-Carmel, qui s'étaient empressés dans cette occasion d'offrir leurs services à M. l'abbé Angelin. Quand les exercices religieux ont commencé, tout le monde a été frappé de l'air de décence et de modestie des élèves. Il y avait plaisir et bonheur à voir ces mêmes enfans qui s'étaient distingués dans leur examen public par la force de leurs études se distinguer plus encore aujourd'hui par leur piété. Et ce n'était point évidemment chez eux une affectation passagère, mais le résultat d'une instruction solide et d'une dévotion bien sentie. Aussi, quand M. le préfet apostolique dans une allocution pleine de grace et d'onction félicitait ses jeunes néophytes du bonheur qu'ils avaient d'être élevés dans une maison toute chrétienne, et les engageait à « appeler » les bénédictions du ciel sur l'ecclésiastique zélé qui dans des temps difficiles » avait doté la colonie d'un établissement si précieux, » tous les assistans partageaient son émotion et répétaient les mêmes prières au fond de leur cœur.

Après la cérémonie, les élèves ont demandé la permission d'adresser leurs remercimens à M. le préfet apostolique, et l'un d'eux s'avançant hors des rangs s'est exprimé ainsi :

« Permettez-moi, monsieur le préfet apostolique, d'être en ce moment au- » près de vous l'interprète des sentimens de mes condisciples. Le cœur encore » tout ému des cérémonies religieuses qui viennent d'être célébrées, nous re- » gardons comme le premier de nos devoirs de vous témoigner notre recon- » naissance ; car c'est à vous que nous devons aujourd'hui notre bonheur. » Vous avez daigné vous rendre à nos instantes prières, vous avez consenti à » vous arracher quelques instans aux importantes occupations qui remplissent » votre vie, pour venir au milieu de nous, faibles enfans, nous apporter tous les » trésors de notre sainte religion et nous faire entendre des paroles de paix et » d'amour. Ces paroles si puissantes, et pour nous si précieuses, resteront à » jamais gravées dans nos ames, et nous nous les rappellerons souvent pour » ranimer au besoin notre zèle et nous encourager à la vertu. Ce jour, mon- » sieur le préfet apostolique, sera inscrit dans les annales du pensionnat comme » un souvenir de bonheur, comme un gage assuré d'avenir. »

M. le préfet apostolique a paru extrêmement sensible à l'hommage improvisé de ces jeunes enfans, et d'une voix émue il leur a adressé quelques paroles où respiraient toute la douceur d'un père et toute la sagesse d'un ministre de l'évangile. Nous avions tous eu déjà plus d'une fois le bonheur d'entendre M. le préfet apostolique, mais jamais il ne nous a paru mieux inspiré que dans cette occasion, jamais sa parole n'avait eu plus d'entraînement, et n'a jeté dans l'ame de ses auditeurs des impressions plus profondes. Je dirai, avec le jeune orateur, que cette fête religieuse, embellie par la présence de toutes les autorités ecclésiastiques, laissera d'ineffaçables souvenirs dans le cœur de tous les parens qui ont eu le bonheur d'y assister.

Copie du certificat délivré par M. Lacombe, préfet apostolique, à M. l'abbé Angelin, lors de son départ de la Guadeloupe.

Nos, præfectus apostolicus insulæ Guadaloupæ, notum facimus et testamur omnibus quorum interest vel interesse poterit, dilectum nobis in Christo magistrum, Josephum Angelin, sacro ministerio sub nostrâ juridictione per quinque circiter annos, functum fuisse ; ipsum esse bonis moribus præditum et ornatum, sanâ doctrinâ imbutum et nullâ ecclesiasticâ censurâ innodatum.

Datum ex urbe Basse-Terre, sub signo sigilloque nostris, anno 1838, die vero 28 mensis Martii.

Signé, LACOMBE.

Copie du certificat délivré par M. Louvet, vice-préfet apostolique, à M. Angelin, lors de son départ de la Guadeloupe.

Je soussigné déclare et certifie que monsieur l'abbé Angelin, prêtre attaché à la mission de la Guadeloupe, a fondé et dirigé à la Basse-Terre, avec tout succès, l'établissement connu sous le nom de Saint-François ; qu'il a mérité et obtenu les suffrages de tous les gens de bien. J'atteste en outre que les élèves confiés à ses soins se sont distingués par leur tenue et les progrès qu'ils ont faits. Dans cet hommage, rendu à l'exacte vérité, je désire que M. l'abbé Angelin trouve preuve de toute la confiance qu'il a inspirée, non seulement aux colons, mais encore à tout le clergé, qui aime à rendre justice au zèle éclairé de cet ecclésiastique, dont la Guadeloupe, qui sait apprécier et reconnaître les services rendus, conservera toujours le souvenir.

Pointe-à-Pitre, Guadeloupe, 30 mars 1838.

Signé, LOUVET.

Vice-préfet apostolique.

www.ingramcontent.com/pod-product-compliance
Lightning Source LLC
La Vergne TN
LVHW010302230826
846091LV00007BB/2661

* 9 7 8 2 0 1 3 4 2 8 8 8 0 *